# UN
# SIMPLE
# SÍ
# PUEDE
# CAMBIAR
# TU VIDA

Publicado por
Unilit
Medley, FL 33166

© 2015 Editorial Unilit (Spanish translation)
Primera edición 2015 (Serie Bolsillo)

© 2014 por Mark Batterson
Originalmente publicado en inglés con el título:
*One Little Yes Can Change Your Life* por Mark Batterson.
Publicado por Baker Books, una división de
Baker Publishing Group,
Grand Rapids, Michigan, 49516, U.S.A.
www.bakerbooks.com
Todos los derechos reservados.

Este libro está basado en *El ladrón de tumbas*, publicado en 2014.

Diseño de la cubierta: *Ximena Urra*
Ilustración de cubierta e interior: ©2015 Petr Vaclavek. Usada con permiso de
*Shutterstock.com*

El autor está representado por Fedd & Company, Inc.

Producto 499161 • ISBN 0-7899-2198-7 • ISBN 978-0-7899-2198-7

Impreso en Colombia / *Printed in Colombia*

Categoría: Vida cristiana /Crecimiento espiritual /General
*Category: Christian Living /Spiritual Growth /General*

# UN
# SIMPLE
# SÍ
# PUEDE
# CAMBIAR
# TU VIDA

Basado en
EL LADRÓN DE TUMBAS

# MARK BATTERSON

Autor del éxito de librería *El hacedor de círculos*, según el *New York Times*

# CONTENIDO

SÍ

Cuando María llegó adonde estaba Jesús y lo vio, se arrojó a sus pies y le dijo:

—Señor, si hubieras estado aquí, mi hermano no habría muerto.

Al ver llorar a María y a los judíos que la habían acompañado, Jesús se turbó y se conmovió profundamente.

—¿Dónde lo han puesto? —preguntó.

—Ven a verlo, Señor —le respondieron.

Jesús lloró.

—¡Miren cuánto lo quería! —dijeron los judíos.

Pero algunos de ellos comentaban:

—Éste, que le abrió los ojos al ciego, ¿no podría haber impedido que Lázaro muriera?

Conmovido una vez más, Jesús se acercó al sepulcro. Era una cueva cuya entrada estaba tapada con una piedra.

—Quiten la piedra —ordenó Jesús.

Marta, la hermana del difunto, objetó:

—Señor, ya debe oler mal, pues lleva cuatro días allí.

—¿No te dije que si crees verás la gloria de Dios? —le contestó Jesús.

Entonces quitaron la piedra. Jesús, alzando la vista, dijo:

—Padre, te doy gracias porque me has escuchado. Ya sabía yo que siempre me escuchas, pero lo dije por la gente que está aquí presente, para que crean que tú me enviaste.

Dicho esto, gritó con todas sus fuerzas:

—¡Lázaro, sal fuera!

El muerto salió, con vendas en las manos y en los pies, y el rostro cubierto con un sudario.

—Quítenle las vendas y dejen que se vaya —les dijo Jesús.

JUAN 11:32-44

# EL LADRÓN DE TUMBAS

*—Señor —le dijo Marta a Jesús—, si hubieras estado aquí, mi hermano no habría muerto. Pero yo sé que aun ahora Dios te dará todo lo que le pidas.*

JUAN 11:21-22

SÍ

Uno de mis primeros recuerdos del cine es la versión de *Superman*, de 1978, protagonizada por Christopher Reeve. La amada de Superman, Luisa Lane, va conduciendo por el desierto de Nevada cuando un terremoto abre una grieta que se traga su auto. Superman no puede llegar a tiempo para salvar a Luisa porque está ocupado construyendo un dique natural con enormes rocas a fin de impedir una inundación causada por una rajadura en la represa Hoover. Cuando se entera de que Luisa murió, Superman se enoja mucho. Vuela alrededor de la tierra a velocidad supersónica, revirtiendo su rotación, retrocediendo el tiempo en teoría.

Ahora bien, sé que la ciencia tras esa escena es dudosa. Después de todo, la tierra rota a unos mil seiscientos kilómetros por hora. De modo que si Superman revirtiera la rotación tal vez podría salvar a Luisa Lane, ¡pero todos los demás en el planeta morirían por traumatismo cervical! Aun así, es una idea genial, ¿verdad? ¿No desearías poder retroceder el tiempo después de decir o hacer algo que lamentas? El problema, por supuesto, es que la flecha del tiempo apunta en una sola dirección.

A lo hecho, pecho. Algunas cosas en la vida son irreversibles.

No puedes volver crudas las galletas horneadas, devolverle el largo al cabello cortado, recuperar documentos eliminados ni volver atrás después que pasaste con el semáforo en rojo. Estas son unas pocas de las lecciones que aprendí a fuerza de cometer errores. Algunas de las lecciones pueden tomarse a risa después de un poco de vergüenza, como cuando me dejaron sin un pelo en una parte de atrás de la cabeza después que el barbero dijo: «¡Huy!». Así que usé el rímel de Lora varias semanas hasta que me creció el cabello. Hubo lecciones que me costaron algo de dinero, como la multa de ciento diez dólares por pasarme un semáforo en rojo. Y después están los momentos irreversibles que te dejan roto el corazón para siempre, como estar ante el ataúd de mi suegro cuando un infarto acabó con su vida terrenal a sus cincuenta y cinco años.

Una de esas lecciones dolorosas llegó durante mi temporada de baloncesto en el segundo año de la universidad. No solo perdimos nuestro último juego y tuvimos que abandonar el torneo nacional, sino que también me desgarré el ligamento cruzado anterior en el segundo tiempo. Cuando el médico me dio su diagnóstico, le pregunté cuándo sanaría. Me dijo que *nunca*. Me informó que necesitaba una operación reconstructiva debido a que los ligamentos desgarrados no sanan. En ese tiempo, el baloncesto *era* mi vida. Por lo tanto, sentí como si se hubiera acabado la vida como la conocía.

Si has estado del lado de quien recibe los papeles de divorcio, recibiste una desesperada llamada telefónica en medio de la noche o tu médico te entregó el resultado de tus análisis que confirman tus peores temores, ya conoces muy bien ese sentimiento. Y justo así es que se sintieron María y Marta. Su hermano se fue para siempre. Y terminó su vida tal como la conocían hasta ese momento. Sin embargo, ¡nada acaba hasta que Dios dice que acaba!

Entra Jesús en escena.

Jesús se presentó cuatro días más tarde, pero mostró su poder de una manera nunca antes vista. Él revirtió los brazos debilitados y el tiempo atmosférico. Entonces, este milagro fue un enfrentamiento a la muerte súbita con un oponente invicto. El Ladrón de tumbas se le opuso mano a mano a la misma muerte, y la muerte se encontró con la horma de su zapato.

## La ley de la entropía

La segunda ley de la termodinámica establece que si no hay intervención alguna, todo lo que hay en el universo avanza hacia el desorden y la destrucción. Se oxidan los autos. Se pudre la comida. Y, por supuesto, los seres humanos envejecen y mueren. Adopta muchas formas, pero se le llama ley de la entropía. La única manera de prevenir la entropía es mediante la introducción de una fuente de energía externa que la contrarreste. El término técnico es neguentropía y tenemos un excelente ejemplo en el refrigerador. Si lo enchufas, produce aire frío que impide que se pudra la comida. Entonces, si el refrigerador se desenchufa de su fuente de energía, la entropía invade de nuevo. Lo sé por experiencia propia. Una vez volvimos de las vacaciones de Navidad y supe que algo malo había antes de entrar a la casa. Nos recibió un refrigerador muerto que olía a animal muerto. Un consejo de amigo: si muere tu refrigerador, mantén la puerta cerrada.

Y ya que hablamos de malos olores, eso era lo que más les preocupaba a María y Marta cuando

Jesús les dijo a los dolientes que quitaran la piedra de la sepultura. Temían que el hedor llegara al cielo, pero Jesús estaba a punto de contrarrestar cuatro días de descomposición con un milagro de neguentropía.

La ley de la entropía no solo gobierna el universo físico. Ha gobernado el plano espiritual desde que entró en el jardín del Edén después del pecado original de Adán y Eva. Se les advirtió: «Del árbol del conocimiento del bien y del mal no deberás comer. El día que de él comas, ciertamente morirás»[1]. Y aunque no murieron de inmediato después de comer el fruto prohibido, su desobediencia introdujo el proceso de deterioro que lleva a la muerte física y espiritual. El pecado es un veneno de acción lenta. Sus efectos inmediatos a menudo ni se notan, pero sus secuelas son mucho más devastadoras de lo que nos demos cuenta en ese momento. El pecado original causó un disturbio en la Fuerza, para decirlo de alguna forma. Introdujo la enfermedad y el sufrimiento en la ecuación de la vida. Todo, desde los defectos genéticos hasta los desastres naturales, tiene su origen en el pecado original. Vivimos en un mundo caído... todo lo afecta la entropía.

Así como lo descubrieron Adán y Eva, el pecado le abre la puerta a la entropía. Cuanto más pecas, tanto más avanza tu vida hacia el desorden y la destrucción. El pecado es mucho más que la línea moral que divide el bien y el mal. Es cuestión de vida y muerte. Jesús no murió en la cruz solo para hacer buenos a los malos. ¡Él les da vida a los muertos! Y Lázaro es el mejor ejemplo.

## Imita a Lázaro

Para apreciar por completo el séptimo milagro, necesitas entender ciertas cosas básicas de la antigua tradición judía respecto a los muertos. Cuando Lázaro murió, debieron atarle los pies por los tobillos y sus brazos a su cuerpo con vendas. Luego, envolvieron su cadáver en unos cuarenta y cinco kilos de lienzos para proteger y preservar el cadáver. Algunos eruditos creen que a la propia cabeza la habrían envuelto con tantas vendas que mediría treinta centímetros de ancho. Así que es probable que la mejor imagen mental que nos venga de inmediato a la mente sea esta: Lázaro parecía una momia.

Basado en la tradición judía del entierro, me parece que aquí ocurren dos milagros, no uno. El primero es la resurrección. Sin embargo, ¿cómo Lázaro se levantó y salió de la tumba con el cuerpo vendado por completo? ¡Ese es el segundo milagro! No estoy seguro de poder rehacer la escena, pero Lázaro no salió caminando de la tumba. Creo que salió dando saltitos.

El muerto salió, con vendas en las manos y en los pies, y el rostro cubierto con un sudario[2].

Quizá me esté dejando llevar por mi imaginación, pero apuesto a que sus amigos y familiares «imitaban a Lázaro» en las fiestas de baile cada vez que tenían la oportunidad. Lázaro tuvo que echar unos pasos para salir de la tumba. Y, una vez más, Jesús transformó la tragedia en comedia. Cuando Lázaro sale de la tumba dando saltitos, el duelo se convierte en risa. Y se rieron de esto por el resto de sus vidas.

Ahora bien, hablemos en serio. Si no captas esto, te pierdes lo esencial. El milagro no solo preanuncia la resurrección del mismo Jesús. ¡Preanuncia la tuya! No solo es algo que Jesús hizo por Lázaro. Es una imagen de lo que Jesús quiere hacer en tu vida aquí y ahora mismo. Cuando pecamos, es como si el enemigo de nuestra alma nos envolviera en sudarios. El pecado nos entierra vivos, nos convierte en momias. Nos volvemos apenas una sombra de la persona que Dios quiso que fuéramos. Si sigues pecando, el lastre te pesará como esos cuarenta y cinco kilos de lienzos. En lugar de eso, Jesús te llama a salir de tu tumba.

He descubierto que una de las mejores formas de personalizar las promesas de las Escrituras es la de sustituir el nombre original por el tuyo. Pienso que está bien que lo hagamos. Después de todo, cada una de las promesas de Dios es un *sí* en Cristo[3]. Así que, sustituye el nombre de Lázaro por el tuyo: *¡Mark, sal fuera!*

¿Puedes oír que Él te llama por tu nombre?

Él te llama a salir del pecado.

Él te llama a salir de la muerte.

Él te llama a salir de tu tumba.

## La segunda vida

La tradición de la iglesia nos ofrece dos versiones de lo que le sucedió a Lázaro después de su resurrección. Una afirma que él y sus hermanas se dirigieron a la isla de Chipre, donde Lázaro fue el primer obispo de Citio. Se dice que la Iglesia de San Lázaro en la moderna ciudad de Lárnaca, se construyó sobre su segunda tumba, donde lo sepultaron unos treinta años después de su primera muerte. La segunda tradición de la iglesia dice que Lázaro y sus hermanas terminaron en

Marsella, Francia, donde Lázaro sobrevivió a la persecución de los cristianos por Nerón, escondiéndose en una tumba, como era de esperar, pero que al fin murió decapitado durante la persecución ordenada por el emperador Domiciano[4].

No sé bien cuál de esas tradiciones es la verdadera, si lo es alguna de las dos. En cualquier caso, Jesús les devolvió su hermano a María y Marta, y Lázaro vivió dos vidas. No podemos saber con certeza cuánto tiempo vivió después de morir. Sin embargo, Jesús le dio una segunda oportunidad, una segunda vida. Y el Ladrón de tumbas quiere hacer por ti lo mismo que hizo por Lázaro. Aunque no solo quiere devolverte la vida que te han robado el pecado y Satanás. ¡Él vino para que puedas tener vida y la tengas más que en abundancia![5] El Hijo de Dios entró en el espacio-tiempo para que tú pudieras salir de allí, a fin de que puedas pasar la eternidad con Él en un lugar donde ya no hay más duelo, ni llanto, ni dolor. El cielo es el final de la entropía tal como la conocemos, y la muerte encuentra su derrota de una vez y para siempre. En las palabras del apóstol Pablo:

¿Dónde está, oh muerte, tu victoria?
¿Dónde está, oh muerte, tu aguijón?[6]

Cuando murió mi suegro, Parker y Summer eran tan pequeños que no lo recuerdan. Así que a menudo les contamos historias para ayudarles a crear algunos recuerdos a nuestros hijos. Durante una de esas conversaciones, Parker me dijo:

—Me hubiera gustado haberle dicho adiós al abuelo, así le enviaba saludos a Jesús.

—Cuando muramos, vamos a ir al cielo y veremos al abuelo Schmidgall —respondió Summer con mucha emoción.

—¡No es bueno que te entusiasmes tanto con morir! —le contestó Parker.

Al principio, esa no fue más que una conversación que Lora y yo atesoramos con mucho amor. En cambio, con los años, he llegado a darme cuenta de que es más que esto. ¿Recuerdas cuando Jesús dijo que tenemos que ser como niños? Creo que esta es una dimensión de eso. En algún momento, el miedo a la muerte acalla nuestra anticipación de la vida eterna. No obstante, si ya moriste a tu propio ser, no tienes por qué temerle a la muerte. Ya no tienes que vivir como si el propósito de la vida fuera llegar en forma segura a la muerte.

No hay nada de malo en querer tener una larga vida, pero la muerte no es algo a lo temible. La muerte se derrotó hace dos mil años. Y estar ausente del cuerpo es estar presente con el Señor[7]. Por lo tanto, la muerte es algo que podemos esperar con antelación, ya que no es el final. Es un nuevo comienzo. Muchos de los milagros que esperamos en la tierra se cumplirán por fin en el cielo.

Nuestra segunda vida empieza cuando Cristo nos llama a salir de la tumba del pecado. Nuestra vida eterna comienza cuando nuestro cuerpo se sepulta al final a dos metros de profundidad. La muerte es el peaje de salida que todos tenemos que pagar, pero también es la rampa de entrada a la eternidad.

SÍ

# AUN AHORA

*Lázaro ha muerto, y por causa de ustedes me
alegro de no haber estado allí.*

JUAN 11:14-15

Lo considero como uno de los momentos más vergonzosos de mi vida. Una cosa es olvidarte de una boda a la que se supone que vas a asistir. ¡Otra muy distinta es olvidarte de una boda en la que se supone que vas a oficiar! Tal vez se debiera a que no ensayamos la noche anterior, pero se me olvidó por completo.

¿Alguna vez te ha pasado que una llamada telefónica activó tu memoria? Es como una alarma que te recuerda que había algo que tenías que hacer o un lugar donde tenías que ir. En el momento en que sonó mi teléfono, se me subió el estómago a la garganta porque recordé que debía oficiar una boda al mediodía. Era la una y yo estaba en un probador del centro comercial. ¡Morí mil muertes en ese probador! Los novios se empezaron a preocupar porque el pastor no aparecía quince minutos antes del mediodía. En cambio, les tomó más de una hora conseguir mi número de teléfono celular. Y la forma en que lo consiguieron es casi un milagro. Llamaron a la oficina de la iglesia, pero los sábados no hay nadie allí. La llamada se transfirió no sé cómo al teléfono de emergencia del ascensor de la cafetería Ebenezer, y se disparó el contestador automático. Nuestra pastora de discipulado, Heather Zempel, estaba en el ascensor cuando entró la llamada. En realidad, pensó que era una broma porque jamás se habría imaginado que yo pudiera olvidarme de una boda, pero yo era culpable de los cargos.

Me duché como Speedy González, me vestí de prisa como Superman y conduje hasta el lugar de la boda como si estuviera en el campeonato de automovilismo de la NASCAR. Llegué a las tres en punto y entonces comenzó la ceremonia. No me fue fácil mirar a los ojos a los invitados, pero los novios fueron increíblemente amables conmigo. Es más, siguen asistiendo a nuestra iglesia. ¡No me digas que no hay milagros!

Cuando llegué por fin, decidí no decir lo que afirmó Jesús cuando llegó tarde al funeral de Lázaro. *No* dije: «Por causa de ustedes me alegro de no haber estado allí»[1].

¿Por qué diría Jesús algo así?

En el mejor de los casos parece desconsiderado y cruel en el peor. Si tu amigo está en su lecho de muerte y tienes la capacidad para sanarlo, ¿no dejarías todo para llegar ahí lo más rápido posible? No obstante, Jesús se quedó en el lugar dos días. Y después se toma su tiempo para llegar allí. Y la pregunta es: *¿Por qué?*

## Pasivo-agresivo

Cuando Jesús llega por fin cuatro días tarde, María y Marta se ponen un tanto pasivo-agresivas con Él. Las dos le dicen lo mismo con exactitud: «Si hubieras estado aquí, mi hermano no habría muerto»[2]. En realidad, no culpan a Jesús... pero lo culpan, pero no lo culpan, pero lo culpan. La verdad es que todos tenemos tendencias pasivo-agresivas hacia Dios, ¿cierto? No lo culpamos por las cosas malas que suceden, pero también sabemos que podría haber impedido que sucedieran. Entonces, ¿por qué no lo hace?

¿Por qué no se *teletransportaría* a Betania para sanar a Lázaro?

Mi opinión es la siguiente: Jesús estuvo ahí e hizo eso. Jesús podría haber caminado sobre el agua, llegar en el momento preciso y sanar a Lázaro mientras exhalaba su último aliento. No obstante, Jesús ya había revelado su poder sanador. Ahora era el momento de revelar su *poder de resurrección*.

No puedes resucitar lo que no está muerto. Así que el Señor esperó un poco más, a fin de revelar un poco más de su poder. Y Él hace lo mismo con nosotros. Si sientes que estás en un compás de espera, tal vez sea porque Dios se está preparando para hacer algo más milagroso de lo que ya viviste. Sin embargo, algo precioso podría tener que morir primero para que Él pueda resucitarlo.

Si Jesús solo hubiera sanado a Lázaro, estoy seguro de que algunas personas habrían alabado a Dios. También estoy seguro de que algunos escépticos habrían dicho que Lázaro no estaba tan enfermo en realidad o le habrían atribuido el milagro al avance de la medicina. Ahora bien, cuando alguien ha estado muerto durante cuatro días, solo hay una explicación lógica y teológica. Eres testigo de un milagro de primer orden.

Si Jesús solo hubiera sanado a Lázaro, se habría reforzado la fe que ya tenían. Jesús quería poner a prueba su fe. Y a fin de hacer eso, ¡a veces las cosas tienen que ir de mal en peor antes de mejorar!

## La gramática de Dios

He olvidado la mayoría de los sermones que he escuchado y estoy seguro de que nuestra congregación ha olvidado también la mayoría de los míos. Sin embargo, de vez en cuando, hay un momento de revelación en medio de un mensaje que transforma la vida. Eso lo experimenté al escuchar un viejo sermón del Dr. Charles Crabtree titulado: «La gramática de Dios». Encontré una frase que es inolvidable por completo: «Nunca pongas una coma donde Dios pone un punto y nunca pongas un punto donde Dios pone una coma».

Cuando alguien muere, es natural que pongamos un punto. Fin del juego. Sin embargo, Jesús sabía que eso lo llevaría al tiempo extra con un avemaría, por así decirlo. Cuando se enteró de que Lázaro estaba enfermo, Jesús hizo una predicción arriesgada: «Esta enfermedad no terminará en muerte»[3]. Solía tener problemas con esa declaración porque parecía como si Jesús estuviera equivocado, ¿verdad? Después de todo, Lázaro muere en realidad. En cambio, la palabra clave es *terminará*. Jesús dijo que la enfermedad no terminaría en muerte, y así fue. Sabía que Lázaro moriría, pero Jesús no puso un punto allí. Insertó una coma de cuatro días.

«Parecería como si el objetivo de Dios no se fuera a cumplir», observó Oswald Chambers, «porque somos demasiado cortos de vista para ver lo que Él se propone»[4].

¿Alguna vez has sentido como si Dios llegara un día tarde y con un dólar menos?

¡María y Marta sintieron que Él llegó cuatro días tarde! La ventana de oportunidad se cerró cuando Lázaro exhaló su último suspiro, ¡pero nada acaba hasta que Dios dice que acabó! Dios siempre tiene la última palabra. Y Marta lo sabía. Lo que sale de su boca se ubica en una de las mayores declaraciones de fe en toda la Escritura:

—Señor [...] si hubieras estado aquí, mi hermano no habría muerto. Pero yo sé que aun ahora Dios te dará todo lo que le pidas[5].

¿Viste la conjunción adversativa allí? Hay un *pero* entre su declaración de los hechos y su declaración de fe.

Es evidente que Marta sigue con esperanzas cuatro días después del funeral. Para ser sinceros, un psicoterapeuta podría diagnosticarlo como brote psicótico. Después de todo, inútil es negar la verdad, hay que ver la realidad. ¿En qué momento dejas de tener esperanzas y empiezas a llorar? ¿El primer día? ¿El segundo? ¿El cuarto?

Algunos dirían que hablaba por el dolor, pero hablaba de la *fe*. La fe muchas veces parece no estar en contacto con la realidad, pero es porque está en contacto con una realidad superior a cualquier cosa que podamos ver, oír, saborear, tocar u oler con nuestros cinco sentidos. La fe es nuestro sexto sentido. Y si estás de veras en contacto con Dios, a veces parecerá que no lo estás con la realidad.

La oración debiera terminar después que Marta dice: «Señor, si hubieras estado aquí mi hermano no habría muerto». En cambio, Marta no pone un punto final allí. La fe inserta una pausa, incluso al final de la sentencia de muerte. Es lo que hace Marta: «Pero yo sé que aun ahora Dios te dará todo lo que le pidas».

Me encanta esta frase que se incluye en esta declaración de fe: *aun ahora*. Es una de mis frases preferidas en toda la Biblia. Aun cuando pareciera que Dios llegó cuatro días tarde, es demasiado pronto para darse por vencido. Aun cuando pareciera que tu sueño está muerto y enterrado, no le pongas un punto final allí.

## Aquí viene el bum

Susanna Wright y su esposo ministran en una de las áreas más pobres de Londres. Durante una difícil temporada del ministerio, Susanna perdió la misma esperanza que les ofrecía a los demás. Y se agrava por el hecho de que su sueño de tener su libro publicado estaba casi muerto. Decía: «Olvidé la resurrección». Es lo mismo que nos sucede a nosotros, ¿verdad? ¡Muchos cristianos recuerdan la resurrección una vez al año! El resto del año vivimos como si Jesús siguiera clavado en la cruz.

Cuando Susanna tocó fondo, tomó un ejemplar de *El hacedor de círculos* y Dios resucitó su sueño de escritora. Como tantos otros autores que aspiran a publicar un libro, Susanna no conocía a nadie en la industria editorial. Así que su entrada en esta industria era casi como entrar por la fuerza al Palacio de Buckingham.

Un día, Susanna examinaba en detalles el sitio web de una casa editorial internacional cuando descubrió que su sucursal en el Reino Unido estaba en Londres, a solo tres kilómetros de su casa. Decidió recorrer en círculos el edificio de esa editorial todas las semanas, orando para poder entrar. Una semana tras otra, Susanna oraba en la mañana, la tarde y la noche. Entonces, una mañana le lanzó un reto a Dios. Le dijo: «Señor, estoy cansada de orar día y noche por superar la barrera. Quiero sentir ese bum del que habla Mark Batterson».

Susanna se refería a la parte de *El hacedor de círculos* donde hablo sobre la ciencia que hay tras el estampido sónico y lo comparo con el gran avance que experimentamos mediante la oración. Casi como un estampido sónico, llega un momento en la oración cuando se sabe que Dios ha respondido dicha oración. Si bien la respuesta quizá no sea una realidad física aún, sabes que es solo cuestión de tiempo antes de que Dios cumpla su promesa.

Justo cuando Susanna oraba por ese bum, se acercó un autobús londinense de doble piso con un cartel del tamaño del autobús que solo decía: Tenía pintado al costado un aviso que decía: «¡Aquí viene el bum!». Susanna empezó a reírse a carcajadas mientras que la gente se le quedaba mirando con fijeza. Una vez que recuperó la compostura, le sacó una foto al autobús y la colgó en su cocina. Poco después, la editorial que Susanna estuvo rodeando en círculos de oración, le ofreció publicar su libro. Dijo:

> Toda mi vida he sido escritora. Escribí mi primer poema a los siete años. A los once le envié mi primer cuento a una editorial de libros infantiles; y ahora, seré una escritora con un libro publicado. He experimentado

un renacer que en mi corazón no creía posible. De algún modo, Dios ha vuelto a darle rumbo a mi vida. Él ha abierto las puertas de una importante casa editorial y puesto en marcha un ministerio de escritura que se vino gestando en mí durante casi tres décadas.

Cuando se trata de sueños ordenados por Dios, casi puedo garantizarte que van a tomar más tiempo y ser más difícil de lograr de lo que nunca imaginaste. Por definición, el sueño decretado por Dios siempre estará más allá de tu capacidad, más allá de tus recursos. Sin embargo, así es que Dios recibe la gloria. Si sientes que tu sueño murió y ya está sepultado, tal vez Dios te tenga justo donde quería tenerte. Casi todos mis sueños pasaron por la muerte y la resurrección. Es como la prueba definitiva. Si no es de Dios, seguirá muerto. Y si es de Dios, resucitará. No obstante, necesitarás orar por eso hasta que experimentes el logro.

¡Aquí viene el bum!

## Todavía no

Cuando Dios dice que no a una oración, no siempre significa no. A veces significa *todavía no*. La petición es buena, pero el tiempo es malo.

Hace unos años, Lora y yo buscábamos una casa en Capitol Hill. Habíamos vivido allí desde 1996, cuando fuimos lo suficiente afortunados para comprar una casa de cien años en una oportunidad excepcional. A medida que crecían nuestros hijos, la casa con sus cuatro metros y medio de ancho nos quedó pequeña, y por eso empezamos a buscar algo con un poco más de espacio. La casa de nuestros sueños estaba a menos de una cuadra.

Lora y yo decidimos hacer una oferta, pero también sabíamos nuestros límites económicos. Después de orar por esto, presentamos nuestra mejor oferta y sentimos que era como un vellón. Si Dios quería que tuviéramos la casa, el dueño aceptaría nuestra oferta. Como el mercado inmobiliario se mostraba lento, y las cosas no parecían mejorar, confiábamos en que el vendedor aceptaría nuestra oferta. Sin embargo, no la aceptó. Y aunque queríamos mucho esa casa, y nos tentaba ir más allá de lo que podíamos ofrecer, tuvimos que tomar la difícil decisión de rendirnos. Y dejamos de buscar casas.

Una noche alrededor de un año después, mientras conducíamos por la casa que tratamos de comprar, Lora dijo: «¿Alguna vez has sentido que esa casa se nos escapó?». Habíamos pasado por allí cien veces desde que el dueño rechazara nuestra oferta, pero jamás habíamos dicho una palabra. Para nosotros, el asunto murió. No obstante, el comentario casual de Lora tiene que haber sido una oración profética porque a la mañana siguiente la casa tenía el cartel de «Se vende». Entonces, sentí la corazonada santa de que el *no* de Dios el año anterior fue en realidad un *todavía no*.

Lo que Lora y yo no sabíamos era que el dueño no había vendido la casa. Estuvo en venta durante doscientos cincuenta y dos días sin ningún comprador, así que la retiró del mercado. Cuando el mismo dueño volvió a ponerla a la venta, decidimos hacer la misma oferta. Era un riesgo calculado porque el hombre ya había dicho que no una vez, pero este era otro vellón. Le dijimos al agente inmobiliario que era nuestra primera y última oferta. Estábamos dispuestos a dejarla ir por segunda vez, pero no fue necesario. Dios respondió nuestra oración un año después de lo que pensábamos que lo haría.

La mayoría de los milagros llevan más tiempo del que desearíamos, pero cuanto más esperamos tanto más los apreciamos. Espero que tu milagro no tarde treinta y ocho años como el del inválido en Juan 5, pero sin importar cuánto tarde, tienes que confiar en los tiempos de Dios. Los milagros ocurren una vez que estemos bien preparados, y no un momento antes. A veces es porque Dios en su gracia está permitiendo que maduremos, a fin de que seamos capaces de administrarla. Otras veces Él espera de modo que captemos el mensaje. Y también hay veces en las que Dios quiere puntualizar su poder.

Después de pasar por una muerte y resurrección con la casa de nuestros sueños, nos ha hecho apreciar más de lo que lo habríamos hecho de otro modo. También nos asegura que somos dueños de nuestra casa, no al revés. Cuando te devuelven algo después que te lo quitaron, ya sea una casa o tu salud, no lo das por sentado. ¡Es como si lo disfrutaras todo! En nuestro caso, Dios incluso se tomó el trabajo de añadirle algo más. Como esperamos un año para comprar nuestra nueva casa, nuestra vieja casa había aumentado su valor un diez por ciento, ya que hubo una recuperación en el mercado inmobiliario local. Así que obtuvimos nuestra nueva casa por la misma cantidad de dinero, ¡pero vendimos la vieja por mucho más del que habríamos obtenido un año antes! El diezmo sobre la venta de nuestra casa fue uno de los cheques más fáciles de escribir, porque era muy evidente la mano del favor de Dios.

## Fe de segundo grado

Quiero volver a la declaración de fe de Marta:

> Señor [...] si hubieras estado aquí, mi hermano no habría muerto. Pero yo sé que aun ahora Dios te dará todo lo que le pidas[6].

Esta declaración revela dos tipos de fe.

La primera mitad es lo que llamo *fe preventiva*. Marta dice: «Señor, si hubieras estado aquí mi hermano no habría muerto»[7]. La fe preventiva cree que Dios puede impedir que sucedan las cosas. Así que oramos por misericordia al viajar o por un cerco de protección alrededor de nuestros hijos. Aunque no está mal, hay una segunda dimensión de la fe que cree que Dios puede deshacer en realidad lo hecho. La llamo *fe de resurrección*. Es una fe que se niega a poner punto final a las desilusiones porque Dios puede hacer posible tu imposible. Incluso cuando se te niega la solicitud, fracasa la adopción o el negocio se va a la quiebra, no pones un punto final allí. Aun así, crees *aun ahora*.

En algún momento, la mayoría de nosotros acaba con un sueño sepultado a dos metros debajo del fracaso. De hecho, ¡eso es cierto en casi cada sueño que me ha dado Dios!

Cuando estaba en la universidad, soñaba con fundar una iglesia y pastorearla toda mi vida. He estado viviendo ese sueño durante diecisiete años como pastor principal de la *National Community Church* en Washington, D.C., pero hay una precuela. Mi primer intento fue un rotundo fracaso. Cuando estaba en el seminario, el sueño de fundar una iglesia en Chicago se convirtió en pesadilla. La buena noticia es que cuando murió ese sueño, también murió parte de mi ego. ¡Pocas cosas matan al orgullo tan rápido como el fracaso! Y allí está la cuestión. Dios no quiere matar el sueño que te da, pero sí quiere crucificar todo lo que impida que Él reciba toda la gloria cuando al fin tengas éxito.

Hay momentos en los que tienes que aferrarte con todas las fuerzas a un sueño, pero también hay momentos en los que tienes que enterrar el sueño. Y se necesita discernimiento para saber la diferencia. Supongo que María y Marta podrían haber dejado a Lázaro en su lecho de muerte en vez de embalsamarlo y ponerlo en la tumba. En cambio, ¡su intento humano por facilitar un milagro le habría robado en realidad a Dios la oportunidad de revelar su poder de resurrección! Una cosa es resucitar a alguien en su lecho de muerte. ¡Otra cosa es llamar a un muerto de una tumba cuatro días post mórtem!

¿Qué tiene que morir a fin de que pueda resucitar? ¿De modo que Dios pueda revelar más de su poder? ¿De modo que Dios reciba toda la gloria?

Tienes que sepultarlo.

Entonces, si resucita, sabes que lo hizo Dios.

Hace falta valentía para terminar con una relación romántica que no es sana, pero no vas a encontrar al Sr. Adecuado si sigues saliendo con el Sr. Equivocado. Hace falta valor para renunciar a un trabajo, pero podría ser la diferencia entre ganarte el sustento y realizarte en la vida. Hace falta valor para cambiar de carrera universitaria, pero es mejor fracasar en algo que te encanta que tener éxito en algo que detestas. Quizá tengas que sepultar la relación, sepultar el empleo o sepultar la diplomatura. Entonces, tienes que esperar a que Jesús se manifieste.

En este último año y medio, he orado por una persona de nuestra iglesia que se sintió llamada a dejar su empleo durante un desafío de cuarenta días de oración. Después de rellenar más de trescientas treinta solicitudes de empleo sin ninguna oferta, supuso que su decisión no fue la adecuada. La fe se convirtió en duda y esta se convirtió en depresión. «¡Mi desafío de cuarenta días de oración se extendió a tiempo extra!», me dijo. ¡Más del doble en tiempo extra! Entonces, justo cuando sentía que quedaría desempleado por siempre, lo eligieron de entre cincuenta candidatos para el empleo de sus sueños. «No sé por qué estuve en un compás de espera de diecisiete meses», confesó. «Pero como soy soltero, mi carrera era con mucho lo más importante en mi vida. Tal vez por eso Dios me la quitó por un tiempo».

Cuando Dios nos quita algo, no siempre significa que sea para siempre. Es más, muchas veces nos quita cosas con el expreso propósito de devolvérnoslas. Y cuando lo hace, logramos ver que se trata de un milagro real. Si perdiste el amor y volviste a encontrarlo, sabes a qué me refiero. Lo mismo es cierto con la salud o el dinero. Es mucho más difícil dar por sentada la bendición.

## Jesús lloró

En el antiguo Israel se acostumbraba sepultar a los muertos el mismo día. Después de la muerte, el Talmud prescribía siete días de profundo duelo y treinta de duelo menos estricto. Así que Jesús aparece en medio del más profundo dolor y se aflige con ellos. Juan 11:35 solo dice:

Jesús lloró.

La fuerza del tiempo del verbo griego indica que Jesús rompió a llorar.

Es uno de los versículos más cortos de la Biblia, pero es muy revelador. No sé si la traducción le hace justicia. Aquí la fuerza del tiempo verbal en griego sugiere que Jesús se echó a llorar. Esta no era una respuesta comedida. Jesús literalmente perdió la compostura. Revela lo mucho que amaba a Lázaro. ¡Y también revela a un Dios que derrama lágrimas! No solo llora por nosotros, sino que recoge las nuestras en una redoma[8].

Tus lágrimas son preciosas para Dios. Ya sean de gozo, de dolor o de tristeza, Dios no pierde ninguna.

Si has sufrido una pérdida como la que experimentaron María y Marta, sabrás que a veces solo necesitas un hombro sobre el cual llorar. Estoy agradecido por esos amigos que aparecen cuando todos los demás desaparecen. Jesús es un amigo más fiel que un hermano[9], y sus anchos hombros pueden soportar cualquier carga. Sin embargo, a veces necesitas más que un oído que te escuche o un hombro donde llorar. Necesitas un amigo *que pueda hacer algo respecto a tu situación*. La buena noticia es que Jesús es ambas cosas.

Jesús no solo se entristece. El Hijo de Dios se enoja. La muerte nunca formó parte del plan original de Dios. Fue el efecto colateral de la caída. Jesús es bueno y está enojado porque la muerte le robó a su amigo. Por eso, ¡el Ladrón de tumbas lo vuelve a robar!

SÍ

3

# ARRIESGA
# TU REPUTACIÓN

*Conmovido una vez más, Jesús se acercó al*
*sepulcro. Era una cueva cuya entrada estaba*
*tapada con una piedra.*
*—Quiten la piedra —ordenó Jesús.*
*Marta, la hermana del difunto, objetó:*
*—Señor, ya debe oler mal, pues lleva cuatro días allí.*

JUAN 11:38-39

SÍ

Cuando tenía veinticinco años, el evangelista Clayton King encabezó un viaje con unos mochileros en un viaje de ochenta kilómetros hacia el interior de la cordillera del Himalaya, a fin de llevarle el evangelio a una población del valle de Zanskar[1]. Además del desafío físico que representaban las montañas, el riesgo de que los secuestraran o mataran era muy real. Solo unos meses antes de su viaje, militantes islámicos ejecutaron a un grupo de misioneros europeos por intentar pasar de contrabando once Biblia a través de la frontera. ¡Clayton y sus amigos llevaban *mil cien* Biblias en sus mochilas!

En preparación para su viaje misionero, el equipo hizo ayunos en los que solo tomaban agua, se entrenaron usando mochilas con pesas y leyeron todo lo que pudieron encontrar sobre el budismo tibetano. Uno de los miembros del equipo era médica, por lo que fabricaron una clínica móvil para llevarla con ellos. Y por último, pero no menos importante, oraron por los milagros, porque sabían que los necesitarían. Muchos de ellos.

El equipo de cinco personas voló hasta Leh, uno de los aeropuertos más altos del mundo. Después de aclimatarse a los más de mil trescientos metros de altura, viajaron a lo largo de la frontera de Cachemira con Pakistán hacia la remota aldea de Zangla. En el camino, una cita divina marcó la pauta para el resto del viaje. En medio de la nada, se encontraron con un autoestopista que estaba parado a un lado del camino. Sabían que podía tratarse de un terrorista, así que el equipo protestó cuando el conductor, oriundo del lugar, se detuvo para recogerlo. Clayton objetó con tal vehemencia que el hombre le dijo en mal inglés: «Usted es un chico muy gritón». Entonces, le reveló por qué paró el conductor: «Mi nombre es rajá Norbu y soy el rey del valle de Zanskar. Vivo en una pequeña aldea llamada Zangla. Está muy lejos de aquí y es difícil llegar al lugar. Como gobernador provincial, tengo que asistir a las reuniones anuales en la capital, Delhi. Hacia allá me dirigía cuando mi vehículo se descompuso. Su conductor me reconoció como el rey Norbu».

¿Cuáles son las probabilidades?

No sé tú, ¡pero yo nunca he conocido a un rey! Clayton no solo acababa de conocer a un rey, ¡sino que conocía al rey de la misma aldea a la que trataba de llegar su equipo!

A veces Dios se manifiesta. Otras veces se la luce.

Después de revelar quién era, el rey de Zangla le preguntó a Clayton su nombre. Cuando respondió: «Clayton King», ¡el rey Norbu lo tomó literalmente! [*king* es «rey» en inglés]. Cuando le preguntó por qué un rey estadounidense iba a visitar su aldea, Clayton no anduvo con rodeos. Le dijo al rey que quería montar una clínica médica y entregarle a su gente unos ejemplares de su libro sagrado, la Biblia. El rey Norbu estaba tan complacido que le entregó a Clayton una carta escrita a mano que no solo le aseguraba el salvoconducto y una afectuosa acogida en Zangla, sino también el nombramiento de Clayton como rey interino mientras él estuviera ausente. Así que cuando el equipo llegó a Zangla, los trataron, ya lo habrás imaginado, ¡como a reyes!

## Una demostración de poder

El segundo día en la aldea, la reina le preguntó a Clayton si sabía asistir en un parto. Clayton no tenía idea, pero la médica de su equipo desde luego que lo sabía. Examinó a la madre y a los gemelos, evaluando de inmediato la situación. Era un embarazo de alto riesgo, pero para complicar las cosas, el primer bebé venía de nalgas. La opinión profesional de la médica era que el bebé ya había muerto en el útero.

Clayton no está seguro de lo que se apoderó de él en ese momento, pero le pidió a su intérprete que le tradujera un mensaje. No fue hasta después que las palabras salieran de su boca que se dio cuenta de potenciales consecuencias. Con el valor de un profeta del Antiguo Testamento, Clayton dijo:

> Vinimos desde Estados Unidos como pueblo de Dios. Nuestro Dios es Jesucristo, a quien mataron por nuestros pecados y que luego resucitó de los muertos. Él es poderoso y amoroso, y Él le mostrará su poder. Esta madre vivirá esta noche. Y estos bebés vivirán esta noche. Dios nos envió a ustedes por este propósito. Si mueren, podrán hacer con nosotros lo que deseen.

A fin de que naciera el bebé que venía de nalgas, la médica tuvo que romperle la cadera.

Aunque eso permitió el nacimiento del bebé, estaba muerto en realidad. No había pulso, ni latidos, ni aliento. No sabían cuánto tiempo había estado muerto, pero Clayton hizo lo único que sabía hacer. Clamó a Dios, como si su vida dependiera de ello, y había una buena probabilidad de que su vida dependiera de esto. Los siguientes minutos fueron los más conmovedores de la existencia de Clayton. Después de lo que parecieron cuatro días, el Ladrón de tumbas lo hizo de nuevo. Dios resucitó al muerto ante sus ojos. ¡Este bebé que nació muerto dejó escapar un grito que fue música para sus oídos!

En las culturas supersticiosas o animistas, Dios a menudo se revelará con lo que los misiólogos llaman una «demostración de poder». El enfrentamiento entre Elías y los profetas de Baal en 1 Reyes 18 es un buen ejemplo. Era como una lucha profética de artes marciales sin ningún tipo de restricciones. ¡Hubo incluso algunas fanfarronerías! Así como Dios demostró su poder superior a los adoradores de Baal, les mostró su poder a los de esta aldea de budistas tibetanos al resucitar a un bebé de la muerte.

## Sal fuera

Si has leído la Biblia de tapa a tapa, sufres los efectos de la tendencia retrospectiva. Debido a que sabes cómo termina cada relato, por eso te resulta difícil imaginar otro resultado. No solo te pierdes el factor sorpresa, sino que te pierdes la pura emoción. Y eso es muy cierto en el caso de este milagro.

Si puedes, trata de olvidar cómo termina esta historia. Ahora, acércate para oír a Jesús cuando dice: «¡Lázaro, sal fuera!»[2]. Escuchas las palabras que salen de su boca, ¡pero a duras penas puedes creer lo que escuchas!

¿Quién les habla a los muertos como si pudieran escucharnos?

¿Quién es tan audaz como para exigir que la tumba devuelva a sus muertos?

Como damos por sentado el resultado, Lázaro sale de la tumba, no llegamos a apreciar el riesgo que corrió Jesús. Si Lázaro sigue muerto, este sería el momento más vergonzoso para Jesús. ¡Y la familia y los amigos que se habían reunido para el duelo son víctimas de una broma cruel!

No te pierdas este pequeño argumento secundario en esta trama.

Los seis milagros que preceden a este en el Evangelio de Juan, de seguro que establecen la credibilidad de Jesús. Él revela su dominio sobre todas las cosas, desde las moléculas de agua hasta las cuatro dimensiones de la realidad espacio-tiempo. Sin embargo, al igual que en el mundo del deporte o del entretenimiento, tu solo eres tan bueno como tu último partido y tu última actuación. Si Lázaro no sale de la tumba, la credibilidad de Jesús queda hecha trizas. Así que cuando llama a Lázaro para que salga, empujaba todas sus fichas milagrosas al centro de la mesa y lo apostaba todo a Lázaro. La apuesta no podría haber sido más alta, pero así es que ocurren la mayoría de los milagros.

## La mano de Dios

¿Sabes por qué la mayoría de nosotros no experimenta milagros? ¡Porque nunca nos ponemos en situaciones de necesitar uno! Consolamos a los que lloran en vez de llamar a los muertos para que salgan de la tumba. En cambio, ¡si corremos más riesgos, podríamos ver algunos milagros! Y ese es uno de los secretos para experimentar lo milagroso: *tienes que arriesgar tu reputación*.

A veces, ¡tienes que poner en peligro tu credibilidad! Eso fue lo que hizo Jesús cuando llamó a Lázaro para que saliera de la tumba. Eso fue lo que hizo Clayton cuando proclamó que vivirían esos gemelos. ¿No fue lo que hicieron también Sadrac, Mesac y Abednego cuando se negaron a inclinarse ante un ídolo de veintisiete metros de alto?[3]

Sabían que los ejecutarían si no hacían una reverencia, pero temían a Dios más que a la muerte misma. Preferirían morir en el fuego antes que deshonrar a Dios. Por eso, desafiaron al rey terrenal con una valiente declaración.

> Sadrac, Mesac y Abednego le respondieron a Nabucodonosor:
> —¡No hace falta que nos defendamos ante Su Majestad! Si se nos arroja al horno en llamas, el Dios al que servimos puede librarnos del horno y de las manos de Su Majestad. Pero aun si nuestro Dios no lo hace así, sepa usted que no honraremos a sus dioses ni adoraremos a su estatua[4].

Para ser sinceros, se me hubieran ocurrido una docena de conceptos racionales para justificar que hiciera la reverencia. «Lo hago por fuera, pero no por dentro». «Pediré perdón en cuanto regrese». «Tengo los dedos cruzados». «Solo quebranto uno de los Diez Mandamientos». «¿De qué le sirvo a Dios si estoy muerto?». Cuando se trata de racionalizar el pecado, somos infinitamente creativos, ¿no es así? Sin embargo, son nuestras razones lógicas las que tantas veces anulan la intervención milagrosa de Dios. Cuando transigimos con nuestra integridad, no dejamos espacio a la intervención divina. Cuando tomamos las cosas en nuestras manos, sacamos a Dios de la ecuación. Cuando tratamos de manipular una situación, nos perdemos el milagro.

Haz un alto y piensa en esto.

Si Sadrac, Mesac y Abednego se hubieran inclinado ante la estatua, se habrían salvado del horno en llamas. En cambio, habría sido por la mano del hombre, no por la de Dios. Y aunque habrían salvado sus vidas, habrían sacrificado su integridad. Además, habrían renunciado al milagro.

Cuando nos inclinamos ante lo malo, arriesgamos nuestra reputación y también la de Dios. No obstante, si defendemos lo bueno, establecemos la reputación de Dios al ponernos en una posición en la que Él puede manifestarse y lucirse. Y Dios hace eso con exactitud.

No se les había chamuscado ni un cabello,
ni se les había estropeado la ropa. ¡Ni si-
quiera olían a humo!⁵

## Un milagro doble

Tuve una entrevista de radio poco después que
se presentó *El hacedor de círculos*, y el locutor me
contó una asombrosa historia acerca de su amigo
misionero, el Dr. Bob Bagley. La iglesia de Bob
en África no tenía un edificio, así que se reunían
bajo la sombra de un único árbol que había cerca
de la aldea. Eso fue hasta que el hechicero de la
localidad maldijo al árbol. Cuando se marchitó
y murió, la iglesia no solo perdió la sombra. Sus
esfuerzos se veían empañados por la maldición,
ya que socava la autoridad de su mensaje.

Bob sabía que su posición en la aldea estaba
en juego si no hacía algo al respecto, así que con-
vocó a una reunión pública de oración. Al igual
que Elías, quien desafió a los profetas de Baal
a un duelo de oración, Bob enfrentó la maldición y pidió una bendición para el árbol muerto.
Literalmente impuso las manos sobre el tronco
del árbol y oró para que Dios lo resucitara.

Era un riesgo calculado, pero cada oración lo
es, ¿verdad? Si Dios no contestaba la oración de

Bob, ¡este habría cavado su propia tumba! Aunque si no pides el milagro, nunca sabrás lo que podría haber hecho Dios. Repito, Dios no va a responder a ninguna de las oraciones que no hagas. Así que si no recibes la respuesta, no se trata de un fracaso porque la respuesta depende de Dios. La oración es la forma en que ponemos el balón en el campo de juego de Dios. La única manera en que puedes fracasar es cuando no pides.

Ahora, dicho esto, permíteme decir lo siguiente: si vas a llamar a alguien para que salga de la tumba, es mejor que te asegures que lo escuchaste de Dios. Lo mismo vale si vas a imponerle las manos a un árbol o a profetizar que resucitará un bebé nacido muerto. En cambio, si Dios habla, mejor será que no guardes silencio.

Bob le pidió a Dios que resucitara el árbol, pero me encanta cómo terminó su oración: «No es mi nombre lo que está en juego».

Cuando actúas en fe, puede parecer que arriesgas tu reputación, pero en realidad lo que está en juego es la reputación de Dios. Y Él es capaz de defender su nombre, su reputación. Cuando analizo las Escrituras, me parece que Dios usa más a quienes más arriesgan su reputación. No temían pedirle a Dios que hiciera que el sol se detuviera, que cayeran murallas o que flotara un hacha.

La forma en que estableces la reputación de Dios es arriesgando tu propia reputación. Si no corres el riesgo, jamás serás testigo del tipo de milagros que vivió Bob. Dios no solo quebrantó la maldición y resucitó el árbol, sino que desde entonces fue el único árbol en su tipo que daba frutos dos veces al año en lugar de una sola vez.

Una cosecha doble.

Una bendición doble.

Un milagro doble.

## Apologética suprema

Este milagro revela la verdadera y plena identidad de Jesús. Él es más que el Fabricante de Vino o el Caminante sobre las Aguas. Él es el Ladrón de tumbas. Y guarda su afirmación más audaz para el final:

Yo soy la resurrección y la vida[6].

Se trata de la afirmación única que distingue a Jesús de todos y lo pone en una categoría propia: el Hijo de Dios. El cristianismo no se ha edificado sobre el fundamento de una filosofía ni un código de ética. El pie de página de nuestra fe es un hecho fundamental: la tumba vacía. Después de engañar a la muerte al llamar a Lázaro para que saliera de su tumba, ¡Jesús salió de su propia tumba por su propio poder! Esa es la apologética suprema... no hay argumento que pueda en su contra.

Si la resurrección no ocurrió, el cristianismo estaría a nivel de la broma más cruel de la historia. No solo desperdiciamos nuestras vidas adorándolo a Él. Vivimos una mentira. En cambio, si Jesús salió de la tumba hace dos mil años, todas las apuestas quedan canceladas. O podríamos decir que todas las apuestas están en Jesús.

Hay un viejo dicho que reza: *Nadie apuesta mucho a caballo ganador*. El caballo ganador es el Caballo Blanco que montará Jesús cuando regrese por su iglesia[7].

Thomas Jefferson tenía en gran estima las enseñanzas de Jesús, pero Jefferson también fue un hijo de la Ilustración, y como tal exaltó a la razón y le dio el señorío a la lógica. En febrero de 1804, Jefferson fue a trabajar con una navaja de afeitar. Recortó sus pasajes favoritos de su Biblia y los pegó en doble columnas en cuarenta y seis hojas en octavo. Jefferson incluyó las enseñanzas de Jesús, pero excluyó los milagros. Borró el nacimiento virginal, la resurrección y cada hecho sobrenatural entre ambos. La versión de los Evangelios de Jefferson llega a un callejón sin salida cuando se rueda la piedra a la entrada del sepulcro en el viernes santo. Y creo que es donde casi todas las personas dejan a Jesús. La mayoría de la gente no duda en reconocer que Jesús fue compasivo y sabio, un gran maestro o un profeta poderoso. Sin embargo, eso no es lo que Jesús afirmaba ser. Él afirmaba ser la resurrección y la vida. Y ahí es donde muchas personas se atascan. Entonces, a nosotros solo nos quedan dos opciones: Jesús era quien afirmaba ser o no lo era. No hay término medio.

En una entrevista con la revista *Rolling Stone*, a Bono le pidieron su opinión acerca de Jesús con esta pregunta: «Cristo se ubica entre los más grandes pensadores del mundo. Sin embargo, ¿no es muy descabellado decir que es Hijo de Dios?». El vocalista del grupo de rock U2 y paladín mundial en contra de la pobreza respondió:

No, no me parece descabellado. Mira, la respuesta secular a la historia de Jesús siempre dice lo mismo: que era un gran profeta que tuvo mucho que decir, más o menos al estilo de otros grandes como Elías, Mahoma, Buda o Confucio. En cambio, Cristo no te permite eso en realidad. No te deja en ese atolladero. Cristo dice: «No. No estoy diciendo que soy un maestro, no me llamen maestro. No estoy diciendo que soy un profeta. Estoy diciendo que soy el Mesías. Estoy diciendo que soy Dios hecho carne». Y la gente dice: No, no, por favor, solo sé profeta. Un profeta es lo que podemos aceptar. Así que lo que te queda es que Cristo o bien era quien dijo ser, el Mesías, o era un loco de remate[8].

Imagina un debate entre Jefferson y Bono. Yo pagaría por verlo. Me imagino que los expertos en apuestas harían de Jefferson el favorito con mucho, aunque pienso que Bono sería el ganador de este debate. Aunque la mayoría de la gente, como Jefferson, no tiene problemas en aceptar a Jesús como compasivo sanador, sabio maestro o incluso profeta religioso, eso no es lo que Él afirmaba ser. Él afirmó ser el Hijo de Dios. Y como el famosísimo C.S. Lewis señaló: «O bien Jesús es un mentiroso, o un lunático o de veras es quien afirmó ser: Señor»[9].

No hay término medio. O bien Jesús es el Señor de todo o no es Señor de nada. Entonces, ¿qué es? Esa única decisión determinará tu destino eterno. ¡Y también hará posible lo imposible!

# UN SIMPLE SÍ

*¿Crees esto?*

JUAN 11:26

SÍ

Después de afirmar su identidad como la resurrección y la vida, Jesús lanza sin rodeos una pregunta que marca la vida de Marta: «¿Crees esto?»[1]. Recuerda: Jesús no había llamado todavía a Lázaro para que saliera de la tumba, así que Marta seguía sumida en su angustia. La esperanza tenía cuatro días de muerta. No obstante, Marta responde con su simple profesión de fe:

Sí, Señor[2].

Un simple *sí* puede cambiar tu vida.
Un simple *sí* puede cambiar tu eternidad.

La prueba final es la misma ahora como entonces. La única pregunta en el examen final que nos pone Dios es: *¿Crees esto?* No es una pregunta con diversas opciones. Es de verdadero o falso. Y es la pregunta más importante que vayas a responder jamás. Esa decisión determinará tu destino eterno. La buena nueva es que se trata de un examen a libro abierto y Dios revela la respuesta correcta en Romanos 10:9:

> Si confiesas con tu boca a Jesús por Señor, y crees en tu corazón que Dios le resucitó de entre los muertos, serás salvo. (LBLA)

La resurrección de Jesucristo es el eje en torno al cual gira nuestra fe. Cuando Jesús se levantó de entre los muertos, ese hecho redefinió la realidad de manera drástica. Cuando salió de la tumba por su propio poder, la palabra *imposible* desapareció de nuestro vocabulario. La resurrección cambia la historia, cambia las reglas del juego. Sin embargo, el truco está en aprender a vivir como si Jesús lo crucificaran ayer, resucitara de la muerte hoy y regresara mañana[3].

La resurrección no es algo que celebramos una vez al año al ponernos el sombrero de Semana Santa. Es algo que festejamos cada día y de cada manera. La resurrección de cuerpos muertos es nada menos que milagroso, y la nueva materialización de los cuerpos muertos cuando regrese Cristo será lo más visto en la televisión.

Aun así, los milagros de la resurrección no acaban allí. Dios resucita los sueños de entre los muertos. Resucita las relaciones muertas. Y sin importar qué parte de tu personalidad muriera a manos del pecado, del sufrimiento o del mismo Satanás, ¡el Ladrón de tumbas vino para devolverte la vida!

Nadie había reído ni sonreído desde el día en que sepultaron a Lázaro. Cuando salió de la tumba, nadie podía dejar de hacerlo. Este milagro es una imagen de lo que es y hace Jesús. El Ladrón de tumbas vuelve a robarle al enemigo lo que este robó. A continuación, nos lo devuelve con intereses.

Hace unos años tuve el privilegio de bautizar a una joven cuya vida se había transformado en su totalidad por la gracia de Dios. Jamás olvidaré el rostro de Rachel cuando salió del agua. ¡Era puro gozo! Rachel lo describió de esta manera: «Ahora soy la persona que era de niña, siempre sonriendo y riendo».

Cuando Jesús murió en la cruz, Satanás sonrió. El Ladrón de tumbas, en cambio, fue el último que se rio. Siempre lo hace. Y si le das la ocasión, te dará una segunda oportunidad.

Te devolverá la sonrisa.
Te devolverá la risa.

Te devolverá la vida.
*¿Crees esto?*

Si lo crees, Él hará posible lo imposible.

NOTAS

**Capítulo 1: El Ladrón de tumbas**
1. Génesis 2:17.
2. Juan 11:44.
3. Lee 2 Corintios 1:20.
4. «What Happened to Lazarus after His Resurrection?», *The Straight Dope*, 20 de octubre de 2009, http://www.straightdope.com/columns/read/2902/what-happened-to-lazarus-after-his resurrection.
5. Lee Juan 10:10, LBLA.
6. 1 Corintios 15:55.
7. Lee 2 Corintios 5:8.

## Capítulo 2: Aun ahora

1. 1 Juan 11:15.
2. Juan 11:21, 32.
3. Juan 11:4.
4. Oswald Chambers, «El propósito de Dios que nos constriñe», *En pos de lo supremo*, Centros de Literatura Cristiana, Colombia, 2003, devocional del 3 de agosto.
5. Juan 11:21-22.
6. *Ibíd*.
7. Lee Juan 11:21.
8. Lee el Salmo 56:8, LBLA.
9. Lee Proverbios 18:24.

## Capítulo 3: Arriesga tu reputación

1. Clayton me contó esta historia en persona, pero puedes leer su asombroso relato en su libro *Amazing Encounters with God: Stories to Open Your Eyes to His Power* (Harvest House, Eugene, Oregón, 2009).
2. Juan 11:43.
3. Lee Daniel 3.
4. Daniel 3:16-18.
5. Daniel 3:27, NTV.
6. Juan 11:25.

7. Lee Apocalipsis 19:11.
8. Michka Assayas, *Conversaciones con Bono*, Alba Editorial, Barcelona, España, 2006, p. 205 (del original en inglés).
9. C.S. Lewis, *Cristianismo... ¡y nada más!*, Editorial Caribe, Miami, FL, 1977, p. 54 (del original en inglés).

## Capítulo 4: Un simple sí

1. Lee Juan 11:25-26.
2. Juan 11:27, NTV.
3. Gracias a Martín Lutero por este pensamiento. Dijo: «Predica como si a Jesús lo crucificaran ayer, resucitara de la muerte hoy y regresara mañana».

SÍ

# ACERCA DEL AUTOR

**Mark Batterson** es autor del éxito de librería, *El hacedor de círculos*, según el New York Times. Es el pastor principal de la National Community Church en Washington D.C. Mark tiene un doctorado en Ministerio de la Universidad Regent, y vive en Capitol Hill con su esposa, Lora, y sus tres hijos.

SÍ

Conéctate con

# MARK
## BATTERSON
en
MarkBatterson.com

 @MarkBatterson

 Mark Batterson

 @MarkBatterson

Conéctate con la
**National Community Church** en
**WWW.THEATERCHURCH.COM**

«Mark nos recuerda que vale la pena correr el riesgo de poner la fe en Jesús».

MAX LUCADO, pastor y autor de superventas

Algunas veces es difícil creer que Dios todavía hace milagros. No esperamos que se mueva de maneras milagrosas día tras día en nuestra vida. Tal vez nos gustaría presenciar los milagros, pero es difícil ver más allá de nuestros problemas. Todo eso está a punto de cambiar, como el agua en vino.

SÍ

NOTAS